El último día de Otoño

El último día de Otoño

de Otoño

Adrià Gòdia

Premio Lazarillo 2004

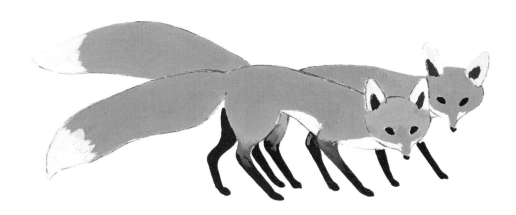

edebé

A mi amiga Juliane Schubert

En las profundidades del bosque reina el silencio.

De repente, dos jóvenes zorros salen de su madriguera.

La mañana es hermosa y los raposos corren alegremente hacia los claros del bosque.

–¡A ver si me pillas! –dice uno.

–¡Algo se mueve por allí!

Entre saltos y cabriolas dan caza a un ratón. Pero el pequeñín se escurre y se esconde entre la hojarasca.

16

Ya atardece cuando llegan a una hondonada repleta de rosales silvestres y se les abre el apetito. Mientras el par de glotones disfruta comiendo las carnosas bayas, aparece el tejón saliendo de su terrera.

–Hoy termina el otoño –dice el tejón–. ¡Qué largos y penosos son los días de invierno!

El bosque está en silencio. Hace mucho frío y los pájaros han dejado de trinar.

–¿Qué es el invierno? –se preguntan los zorros.

Reemprenden la marcha y, de repente, empiezan a caer ligeros copos de nieve.

Los zorros vuelven a sus juegos, brincando y revolcándose sobre el espeso colchón de nieve que cubre el claro.

Al llegar la noche, la nieve ha invadido el bosque y los raposos vuelven a su madriguera. Mientras, una lechuza sobrevuela el claro canturreando una canción:

El lirón ya duerme, nada florece.
El sol no calienta, la hierba no crece.
Todo está en silencio, ha llegado el invierno.

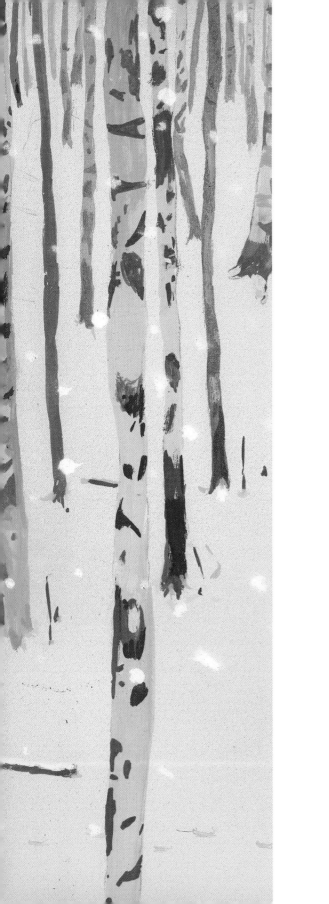

© Adrià Gòdia, 2006
Ilustraciones © Adrià Gòdia, 2006
Proyecto gráfico de Aura Comunicación/Joaquín Monclús

© Perspectiva Editorial Cultural, S.A. – Aura Comunicación, 2006

© de la edición: edebé, 2006
Paseo de San Juan Bosco, 62 (08017 Barcelona)
www.edebe.com

ISBN 84-236-8204-8
Depósito Legal: B.37582-2006
Impresión: I. Gráficas Mármol
Printed in Spain